www.tredition.de

AF196012

Jochen Schau

Jugend-Lyrik

www.tredition.de

© 2021	Jochen Schau
Umschlag und Illustrationen:	Jochen Schau
Lektorat, Printvorbereitung:	Hartmut Schau
Weitere Mitwirkende:	Martin Schau

Verlag & Druck: tredition GmbH, Halenreie 40-44, 22359 Hamburg

ISBN
Paperback	978-3-347-27940-7
Hardcover	978-3-347-27941-4
e-Book	978-3-347-27942-1

Zum Autor

Dr. Hans-Joachim Schau, oder kurz Jochen Schau, ist am 2.Juni 1940 in Schlesien geboren. Er schrieb die Gedichte im Wesentlichen in den Jahren seines Medizinstudiums von 1961- 1965 in Marburg und von 1965-1967 in Tübingen. Danach versiegte die Lyrikbereitschaft, die meistens um Mitternacht geboren wurde, durch die intensive chirurgische Klinikarbeit mit vielen Nachtdiensten, durch seine Familie, durch die Aufnahme eines Abend-Studiums der Psychotherapie in Stuttgart und durch den Aufbau eines neuen Freundeskreises.

Jetzt wurden sie wieder aus der Dunkelheit gehoben und für relativ reif für diese jungen Jahre erkannt, obgleich auch adoleszente Sturm- und Drang-Gedichte darunter sind.

Im Rentenalter verlagerte sich die künstlerische Seele auf das Malen, Zeichnen und verschiedene Arten der Formgestaltung.

Jochen Schau

Lyrisches Farbenspiel

Gedichte und andere Werke

Inhaltsverzeichnis

Abbildungen

Bild Umschlagseite: Selbstbildnis[1]

----

[1] blind gezeichnet

Zuhause

Abbildung 1 Mein Lebensbaum - Fülllle des LLLLeben

Meine Fensterscheiben I

(1961)

Ich schau´ durch meine kahlen Fensterscheiben,
an die der Sturm´ so schwere Regentropfen schlägt,
in eine trübe Welt´ mit wildem Treiben.
Mir scheint, die Sintflut´ wird neu angelegt.
Wie´ Tränen auf den Wangen´ Furchen schreiben,
so zieh'n am Fenster´ Tropfenstraßen unentwegt.

Kaum später´ tanzen Sonnenstrahlen ein –
Durch die beweinten Scheiben´ in mein dunkles Zimmer.
Die Tropfen glitzern nun´ wie´ Edelstein –
Diamanten- gleich´ mit hundertfältigem Geflimmer,
noch feuriger´ als Regenbogen- Schein´
jetzt´ über meiner Seele´ abgesetzte Trümmer.

Nun´ zeigt sich diese graue Welt
recht heiter und erhellt.

Erscheint nicht´ Deine Seele´ wie´ ein Spiegel,
der´ nur zurückstrahlt, was er´ ehemals empfing?
Und prägt nicht´ die Natur – gleich´ einem Siegel -
alleine´ die Statur? Und´ Eigenes verging?
Wo´ wachsen denn´ des Menschen Freiheitsflügel?
Wie viel´ ist er schon Geist? Wie viel´ ist er noch Ding?

Violin-Konzert

(1962)

Jauchz´ vor Freude helle Geige!
Sing´ mir eine zarte Melodei!
Auf die´ höchsten Gipfel steige,
bilde´ alle traur´gen Herzen´ neu.

Deine Seel´ erregt die meine.
Stimme an´ ein feines Liebeslied,
damit ich fühl´´ mit dir alleine,
was´ gedankenvoll vorüberzieht.

Deine Stimm´ versteht mein Herz,
spürt´ die Not´ und mein Entzücken,
meine Lust´ und meinen Scherz;
will mein Leben´ nur beglücken.

Mensch und Erde

(1962)

Wie ein´ starker und bunter Magnet,

so vermagst´ Du uns´ kleiner Planet

mit´ ursprünglicher Kraft´ anzuziehn,

bis wir´ -gleich Dir-´ im´ Innern erglühn.

So sind wir´ ein winziges Stück´

ganz´ aus Deiner Materie entsprungen.

Uns verbindet´ das gleiche Geschick:

ja, wir sind´ ineinander verschlungen.

Du vermagst Dich´ unermüdlich im Kreise zu drehn

und wir folgen´ Dir hörig´ auf Schritt und Tritt.

An den Schwindel´ gewöhnten wir uns wirklich schön,

leider´ müssen wir auch ewig mit.

Kreisende Spiele, spielende Kreise

(1963)

Viele Kreise beschreiben´ im rhythmischen Takt ihre Bahnen´
und vollenden den Lauf´ schon am Tage, im Jahr´ oder Leben.
Wir vermögen´ das Schicksal des Endes´ bereits zu erahnen´
und wollen uns´ über die Sterne´ zur Freiheit erheben!

Welcher Kreis auch´ entspricht einem andern´ im´ Maß, in Ge-
stalt?
Gleicht´ ein Sonnenaufgang´ nur ein einziges Mal einem zwei-
ten?
Hat ein Mensch´ meinen Mond´ so gesehen wie ich´ und ge-
malt?
Bringt nicht´ jeglicher Augenblick´ andere Möglichkeiten?

Alle´ ähnlichen Kreise entsprechen´ sich nicht,
denn´ ein jeder von uns´ hat ein anderes Gesicht.
Auch die Zeit´ und der´ Raum´ weiterfliegend sich ändern´ be-
ständig,
Die Natur wird bewegt, die Materie ist´ auch lebendig.

Jeden Tag schon in Eile´ die Erde im Kreise´ sich dreht,
jedes Leben´ unfasslich entsteht´ und entkräftet vergeht.
Auch das Wiederbeleben´ erfährt´ keine Alt-Wiederholung,
sondern schafft´ ein verzaubertes, frisches, lebendiges Spiel´
und erzeugt ein´ befreiendes, staunendes, stolzes Gefühl -
und Dein flackernder Atem´ erfreut sich´ der stillen Erholung.

So vernimm´ den kristallenen Ton dieses Sonnenaufgangs!

Flamme

(1963)

Verzehrendes Feuer´
wie grausam´ Du bist,
zerbröckelst Gemäuer,
Gebälk Du zerfrißt.

Zersprühende Zungen´
zerteilen´ Nächte,
entscheiden´ durchdrungen
vom Geist´ das Echte.

Verwehe Erreichtes´
in Deiner Hitze,
zerstör´ Unerreichtes,
wozu ist´s nütze.

Oh, wärmendes Licht,
Dein weicher Glanz
erstrahlt mein Gesicht´
im Flammentanz

Ein Tropfen aus Glut´
von Deinem´ lodernden Geist
ach, in meinem Blut´
mich´ wolkenwärts mit reißt.

Abbildung 2 Die Vielfalt der Individualität (2016)

Meine Seelen-Schichten

(1963)

Zwar bin ich wirklich nicht sensibel:
Mein Leben´ gleicht doch einer Zwiebel:
will ich die einzelnen Schichten entfalten,
dann kann ich mich meiner Tränen nicht mehr
enthalten.

Spielerei

(1963)

Die´ schnöde Show´
spielt das´ spröde Schauspiel´
des schönen Schau-spielers´
verspieltes Leben.

Das spaßige Spiel
verspottet mit spitzigen Stil´´
den geschwätzigen Spleen´
des´ strebsamen Spießers...

Mein Gehirn ist hohl,
drum fühl´ich mich so wohl,
vielleicht liegt´s auch am Alkohol...

Abbildung 3: Abstrakte Farbenspiele

Warum ?

(1962)

Feuer und Sterne
Spannung der Welt
strebt zu Dir, Mensch.
Du schlaff versagst.

Härte des Eisens,
klirrendes Eis
singt die Maschine,
Blut endlos strömt.

Kälte umgibt Dich,
Leere und Hass
speien Verzweiflung,
reißen ein Loch.

Steine zerspringen,
Hände gelähmt,
Dunkelheit atmet
ohne Geräusch.

Kreise geschlossen,
Mauer erwächst,
keine Entfernung,
Mond leise zuckt.

Meine Fensterscheiben II

(1962)

Schweren Regen peitscht der Wind´

gegen´ meine Fensterscheiben;

Ich versuch´ den Nebel fortzureiben,

doch´ die Scheiben bleiben blind.

Dunkle Zeichen´ mal ich in den Dunst´

und schau ergründend´ durch die Hieroglyphen...

bis´ traur´ge Wassertropfen triefen´

und stören dann´ mein sinnbildhaftes Werk der Kunst.

Meine Mutter

(1961)

Oh, große Mutter, Dir hab´ich zu danken,

die Du´ zur Freiheit mich geführt.

Oft wälzte ich Gedanken´

doch deren Ursprung´ Dir gebührt.

Sehr schwer´ war es für Dich, mich´ frei zu geben,

drum aber' ehr´ und lieb ich Dich;

dadurch´ erhielt ich erst mein Leben...

Liebes-Gedichte

Abbildung 4 Unterm Mistelzweig

Hast Du mich lieb´

(1961)

„Hast Du mich lieb´"
hab´ich Dich oft gefragt.
Du hattest niemals´ >ja< gesagt.
Ich stammelte: „vergib".

In Deinen Augen stand´s geschrieben;
denn´ traurig wurden sie bei dieser Frage,
als wär´ es eine schwere Klage,
und Tränen´ hast Du´ weg´ gerieben.-

Ich will mich Dir erklären´
und zeigen Dir, was mich bewegt.
Mein Geist´ beginnt zu gären,
mein Drang´ hat sich zur´ Ruh gelegt.

Und wann bist Du bereit,
mich´ ruhig anzuhören?
Doch Du´ hast keine Zeit--
und ich´ will Dich nicht betören.

Kein Traum

(1961)

Dir lauf ich nach´ und fange Dich-
nur manchmal fasst´ich leicht Dein´ Saum.
Jetzt hab´ ich Dich, so meine ich,
doch alles´ war nur Traum...

Ich möchte Dir´ ein wenig´ Freude schenken,
doch leider´ bin ich selbst so trüb.
Hier nützt kein langes Überdenken,
hier hilft allein: „ich´ hab´ Dich lieb."

Deine Augen

(1961)

Deine Augen erregen die brennende Kraft meiner Liebe;

denn sie spiegeln verschönert mein Wesen zurück.

Meine zitternden Hände erfassen´ wie´ nächtliche Diebe

Deinen quellenden Busen voll sprudelndem Glück.

Flüsternde Liebesworte

(1961)

Der säuselnde Wind´ ergriff mein Ohr
und´ flüsterte Liebesworte hinein.
Er sang´ mir verträumte Lieder vor´
in duftiger Nacht im Mondenschein.

Hast Du den Duft verspürt,
der´ sacht an Deine Nase streicht?
Wer hat den Mond geführt,
der Deine hellen Augen hat erreicht?

Ach, könnt ich Dich jetzt lieben und fest drücken,
doch Du´ bist ferne,
mein Herz würd´ hüpfen vor lauter Entzücken.-
schon gut ich lerne, (wenn auch nicht gerne).
Die Gedanken doch´ ziehen zu Dir,
ach, wärst Du doch´ trotzdem kurz hier.

Dein Geist´ durchdringt mich,
er bringt mir´ Leben.
Mein Geist´ dafür verblich,
um zu Dir´ zu schweben.

Du kennst mich...

(1961)

Du sahst in mich hinein,
Dein Blick durchdrang mich tief.
War´s´ Wirklichkeit, war´s´ Schein,
was meine Seele rief?

Du verstehst mein Fühlen,
Du´ erfassest meine Gedanken,
doch´ beim innern Wühlen´
spürst Du tastend´ meine Schranken.

Wie soll ich es nur fassen,
dass Deine Augen strahlen´ wegen mir.
Du willst mir überlassen
Dein Herz, damit ich´s´ liebevoll berühr.

Du hast mein Herz gewonnen´
und gabst mir´ Deins dafür,
Du hast dich nicht besonnen,
mit mir zu werden´ „wir".

Abbildung 5 Kranich aus Buchen-Holz (1956)

Dein Garten

(1962)

Zart schwingen

die blau-weichen Blütenblätter

im hauchenden Wind.

Mit ihrem Gesicht

Aus weiß-schwarzen Streifen

schauen sie mich

verlockend duftend

und erwartend an,

bis sich meine Nase

schnüffelnd, streichelnd einsaugt

in das tiefe Dunkel

Deines Wesens.

Abbildung 6 Liebe (L) ist tausendmal wichtiger als Sieg (V =Victory)

Zärtlichkeit

(1963)

Dein warmer Atem´ sang mir leis´ ein Lied´
und´ unruhvoll´ ergriffen Deine Händ´ die meinen;
ein kurzer Blick in Deine Augen´ mir verriet,
als wollten sie´ jetzt weinen.

Dein Finger tastete´ nach meiner Hand;
die andre Hand´ sanft strich mein Haar;
Dein Mund´ den meinen endlich fand ´
und keiner weiß, wie es geschah.

Dein Herz´ fühlt ich schlagen,
Deine Lippen brannten heiß,
als ich begann zu sagen
was mein Sinn´ schon lange weiß.

Jazzkeller

(1962)

Reizend juckt´ der Rhythmus
tänzelnd zuckt´ der Zahn.
Der Trompeter´ treibt den Takt
und der Sänger´ reibt auf der Gitarre.

Tastend pinselt´ der Trommler die Pauke,
fanatisch winselt´ das sonore Saxophon,
kopflos pocht´ der Pianist aufs Klavier,
bis er kocht´ und plötzlich erkaltet.

Die Sängerin grölt kreischend ihren Song,
mit den Fingern ölt sie fächelnd ihren Takt.
Hingerissen schnalzen schwül die Massen
und johlend walzen wild die Jugendjahre.

Doch abseits raune ich
in Dein seidiges Haar
ein Wort von weichem Wachs.-
Schnell rauschte der Abend vorüber,
dies Wort nur lebt in Dir.

Du weinst ?

(1962)

Warum nur´ weinst Du?
Du mit Deinen treuen Augen.
Rächen will ich´ Dein Unrecht,
damit Du wieder´ lachen kannst.

Wer lässt Dich weinen, Du Zarte?
Welch Ungestüm hat Dich gestoßen?
Drohend bohrt der Dorn
sich tiefer in das Fleisch
der feinen, roten Rose.

Wie teuflisch ist wohl der Tyrann,
der´ Dich mit seid´nen Handschuhn
furchtbar foltert?

Ich selbst´ sei mitleidsvoll der Mörder,
Der´ tiefer treibt den Totenpfahl?
Was hab´ ich Böses nur getan??

Weil ich nichts tat und nichts gesagt,
hast Du geweint!

Abbildung 7 Anni (2017)

Warten

(1961)

Unruhig zucken meine glänzenden Augen,

angstvoll vermissen sie Dich;

schweigend am Blicke sie saugen,

der ihnen längst schon entwich.

Menschen hasten vorüber;

Sie aber` kennen mich nicht.

Zitternde Augen im Fieber

Suchen erregt Dein Gesicht.

Lautlose Worte erdichtet

Mein quälender Mund,

bis er Dich endlich wieder gesichtet

in der erlösenden Stund.

Mein Spiegel

(1962)

Durch Zeiten werde ich gewiegt
durch Räume muss ich selber schreiten.
Wer einmal schwach darniederliegt,
wird immer wieder neu entgleiten.

So stehe ich schluchzend
mit heil´gem Entzücken
vor meinem sprachlosen Spiegel
und sehe wie an meinem buckligen Rücken
zögerlich wachsen schwache Ikarus-Flügel,
bestehend aus wächsernem Stolz.

Nacht

(1962)

Die stille Nacht
gebiert geformten Geist,
der wild entfacht
die Seele zu sich reißt.

Das Licht entführt
das Auge in die Fern´,
sein Sinn nicht spürt
den wahren, tiefen Kern.

Esel mit zugebundenen Augen am Schöpfrad in Ägypten

(1962)

Ein Esel drehet sich im Kreise
Ums Schöpfrad tagelang herum.
Was denkt er nur auf seiner tagelangen Reise,
die er beginnt so still und stumm?
Vielleicht will er nur Speise;
Ist er wirklich gar so dumm?

„Ich denk nicht nur an Fresserei,
wie Ihr es immer tut.
Die Welt, sie ist mir einerlei:
Vielleicht kommt morgen schon die Flut
Und alles ist dann längst vorbei
Mit Eurer Klugheit auch und Eurem Gut.

Geschlossnen Auges trab´ ich weiter;
Den Weg, ihn seh´ ich nicht,
dennoch bin ich viel gescheiter
als Ihr in Eurem hellen Licht.
Der finstre Weg scheint eng und manchmal breiter,
mein Tritt fühlt jede dünne Schicht.

Ich spreche oft zu mir ganz leise:
Der Weg scheint wohl verschieden,
doch führt er stetig mich im Kreise!
Was gibt es sonst hinnieden?
Wir waren Kinder, werden Greise
Und sind vom Grund geschieden.

Eingeschlossenes Berlin

(1963)

Ein heiß-pochendes Herz

ist eingeschlossen,

es verkrampft und ängstet sich;

und dennoch bleibst Du Berliner

fröhlich und zuversichtlich.

Umringt von Stacheldraht

Umstellt von menschenlosen Maschinengewehren,

sie sollen Euch erschüttern.

Ach – riesige Nitro-Tabletten

Müsste man haben,

um sich der Enge zu befreien.

Abbildung 8 Der Jüngling zu Sais (2001)

Mein Boot

(1962)

Vereinsamt treibt mein Boot im weiten Meer,
zuerst mit hochgezog´nem Segel.
Stürme hetzen wild es hin und her
ohne irgendeine Regel.

Mein Motor drehet hastig seine Tour,
die Anstrengung ist leider kraftlos!
Gewalt´ge Wasser zerren hart und stur
mein Boot, drum wird der Anker haftlos.

Unsicher

(1962)

Ich suche einen festen Grund,
der Boden aber schaurig schwankt.
Ich bin wohl körperlich gesund,
jedoch die Seele ist erkrankt.

Der Weg ist breit und ausgetreten;
ich taumle einmal rechts dann links
unsicher über den Planeten
mehr schlecht als rechterdings...

Abbildung 9 Unsichere Architektur -Abstrakte Vedute von
Prag (2011)

Zu spät II

(1961)

Hast Du das teure Geld verprasst,
wirst Du´s wieder rasch erlangen.
Hast aber Du´ die Zeit verpasst,
so bleibt sie ganz und gar vergangen.

Auch Deine Arbeit wird vergehn:
Dein Name, Deine hohle Ehre
wird ein vergess´nes Phänomen,
wie eine abgefallne, faule Beere.

Hast Du jedoch den Freund versäumt,
der Deine Liebe lang ersehnt,
dann hast´ Dein Leben Du verträumt,
und Du meinst, es hat Dich abgelehnt.

Zu spät I

(1961)

Die stotternde Sprache verstummte
und erstarrte den ängstlichen Körper
zum klingenden Klumpen von Eis,
weil die hübsche Souffleuse zu spät
das erwünschte Stichwort stimmlos schrie.

Abbildung 10 Schamane von Simbabwe (2001)

Sprach-Analyse

(1963)

Wissenschaftler spalten und spalten:

die ausgewogene Schrift,

den sinnvollen Satz,

das schwungvolle Wort

und schließlich die ruhigen Lettern

bis alle Gestalten

sich zersetzen in lösendem Gift.

Nach getötetem Schatz

ist ihre Seele verdorrt;

so werden sie´ selbst sich´ zerschmettern.

Revolution

(1961)

Des Nachts´ schlagen die Trommeln,
hörst Du sie?
Du schläfst noch´ im wohligen Bett
Von Decken eingehüllt´ bis über den Kopf.

Ja, Du bist gerufen!
Erheb´ Deine trägen Glieder
Und reiß Dich vom Traume los;
Tauch Deinen heißen Kopf
In kaltes strömendes Wasser.

Sie singen von Freiheit
Und wollen Brüderschaft aller Menschen!
Du aber schläfst´ am Tag des Gloires,
Wo die Rotations-Maschinen
Ganz ruhig stehn?

Fensterscheiben klirren,

Menschenmassen marschieren und lärmen;

Schüsse zerfetzen die rauchende Luft:

„Freiheit, Freiheit´ und Tod den Verrätern"

Gröhlt das Geschrei durch jagende Gassen.

Blut und Tod fließen ineinander

Und erstarren den weißen Mond.

Der Feigling wird stark in der kreischenden Menge

Und brüllt nach Freiheit und Rache.

Frei wollt Ihr sein? Oh, ich lache:

Frei von welchen Unterdrückern?

Frei von´ euch selbst? Von Verantwortung?

Frei sein´ von der Hilfe zum Menschen?

Frei sein´ ohn´ Euer quälend Gewissen?

Frei sein´ von eurem inneren Tier?

Frei sein´ von Denken und Wissen?

Freiheit fordert Ihr?

Eure Trommeln der Freiheit

Tönen traurig wie Totentrommeln!

Spürst Du den Krieg nicht?

(1961)

Nicht Trommeln verkünden den tosenden Krieg,
es knattern dafür die Maschinenpistolen,
Atomblitze erhellen die Nächte,
Raketen verstummen das Menschengewimmer
und tödliche Fahnen verfinstern den Tag.

Es geht nicht um Macht oder Sieg oder Freiheit:
der Tod nur bedeutet die einzige Hoffnung
auf einsamen, berstenden Erdenruinen,
wo Schreie von Menschen nun kläglich ersticken.

Der Mond noch allein
bietet Erholung und Frieden;
sie entfliehen zu ihm
mit lautem Raketen-Getöse
in die öde Verlassenheit
und betrachten still
das Atom-Feuerwerk
und hören nicht
das Todes-Geschrei
kleiner Kinder.

Klappernd kriechen die Krüppel
auf unfruchtbaren Staub,
den sie mit ihren Tränen benetzen,
bis auch sie - in Armen vereint -
langsam sterben.

Abbildung 11 „Frieden, macht Schluss mit den Kriegen"

Vernunft oder Seele

(1963)

Unruh-voller Geist
wild-schlagendes Herz
schaffen Gehauenes
formvollendet.

Warum bannst Du die Schöpfung?
Warum hemmst Du den Quell,
der Wasser Dir abgibt
aus tiefen Regionen?

Dunkel wird Dein Herz,
schauernd Dein Gemüt.
Druck steigt an
gleich einem artesischen Brunnen.

Doch zähmen musst Du
der Wildheit pochendes Leben;
dabei bist Du
ein schwacher Dompteur.

Denn kraftvoll bäumt sich´
der Geist und Trieb´
über den Plan:
Vernunft und Wille kampfes-schwach siegen.

Nun tastet´ ursprünglicher Geist
voll schaffender Inbrunst´
in dunkler Höhle´
sich sterbend fort.

Abbildung 12 Die Freiheitskämpferin (Keramik) / Hommage
à Rothko (2009)

Ich bin´ ein kleiner Stein

(1962)

Ich bin´ ein kleiner Stein´ am Quellen-Rand,
an dem´ der Weltenstrom vorüberzieht,
der´ in der Sonne glänzt am Strand,
dem´ neues Leben tausendfach erblüht.

Ich bin ein kleiner Stein´ am Bach,
der überall´ von Wasser wird umgeben,
der, auf dem Grunde ruht ganz flach
auf´ meterdick gesetztem Leben.

Ich bin ein kleiner Stein´ im Fluss,
der´ mit den Fluten abgetrieben wird,
der´ Weltgesetze halten muss
und´ scheinbar regellos´ durchs Wasser irrt.

Ich werd´ im Strom ein Korn aus Sand,
das´ unverwandt´ zur Mündung weiter eilt,
und´ in des wilden Meeres Gischt und Brand
geworfen wird´ und machtlos dort verweilt.

Ich bin ein Korn am Meeresstrand,
der Wind hat es dorthin verbannt,
bewegt, bewegend hat es ewigen Bestand.
Und´ alle Körner´ schaffen neues Land.

Der Papagei oder das exzellente Gedächtnis

(1962)

Voller Wissen ist Dein Geist,

Dein Verstand besticht mit Logik,

und Du weißt wie alles heißt,

so zum Beispiel Demagogik.

Dein Gedächtnis ist perfekt,

Du behältst fast jedes Wort:

aus dem bunten Bildprospekt

kennst Du jeden kleinen Ort.

Ich kenne eine Angst

(1962)

Angst wer bist Du?
Ich kenn´ Dich nicht,
lass mich in Ruh
und zeig Dich nicht im Licht.

Ich höre viel von Dir:
Du verlierst Dein Gesicht
schon im dumpfen, weißen Licht,
im Dunkel wirst Du wie ein Tier.

Entwickelst Dich zum wilden Stier,
der sich auf Menschen stürzt,
in bohrender und geifend´ Gier
das Leben jammervoll verkürzt.

Vertraue Dir
Und klage Dich nicht an
Und suche Deine Lebens-Zier,
zu lösen Dich vom engen Bann.

Der Realist denkt realistisch?

(1962)

Wir wandeln hier auf dunklen Pfaden
Stets um einen Berg herum;
Wir bleiben lieber weiter dumm
Als wir lernen aus dem eignen Schaden.

Wir zieh´n Bequemlichkeiten vor
Als einen Aufstieg neu zu wagen
Und unsern Rucksack rauf zu tragen,
denn keiner oben ´was verlor.

Was sollen wir auch oben tun?
Nur um die weite Aussicht zu genießen?
Vielleicht auch gleiten wir gar aus mit unsern Füßen:
Hier unten lässt es sich gut ruhn!

Schlafend sind wir keine Sünder,
außerdem gedeihen unsre Leiber;
gebrauchen lustig unsre Weiber
und kümmern uns nicht um die Kinder.

Was habt ihr schon von Eurem Leben,
wenn Ihr den Gipfel mühevoll erreicht?
Ausgekeucht, ermattet und erbleicht
Genügt Euch nicht: Ihr wollt nur streben.

Die Nixe von Hall

(1963)

Warm streicht die Luft
vorbei an unseren Gesichtern.
Zarte Sommerblumen strahlen samtig-rot
vom weichen Glanz der goldnen Strahlen.
Süß duftet das dunkle Holz,
und in der Schwüle
baden feur´ge Vögel.

Blau blitzen deine Augen
und funkeln frostig wie Furien,
wie ferne, nächtliche Wintersterne;
Der Hauch deiner Sprache erstarrt
aus deinem mimiklosen Mund.

Ich zittere beim Anblick
deines frostigen Kleides,
und dein strohweißes Haar knistert (nicht schloh...)
vom Entladen eisiger Spannungen.
Ich möchte dich wärmen,
doch erkalte ich selbst.

Das Ideal wird geschlachtet

(1962)

Wütende Worte wühlen in schweren Wunden

in dem Willen des ideell Wirkenden.

Und Todesfreude triumphiert,

wenn die Wunden töten

den wehrlosen Willen.

Das Ideal´ wird geschlachtet,

das´ Glück gönnte´ den Liebenden,

das´ das Leben´ zur Liebe führte,

das´ vertraute sogar Verbrechern,

das´ erlöste alle Schuld,

und bedingungslos verzieh.

Das Ideal ist geschlachtet,

und flattert nun ewig

wie ein geköpfter Hahn.

Roter Vogel

(1962)

Roter Vogel, wann nur kehrst du heim?
Nachts höre ich manchmal dein Rufen,
wenn du mit lautem Flügelschlag
um unser schlafendes Haus wild streichst
und an unseren offenen Fenstern sitzt.

Des Nachts bist du hier, roter Vogel;
dann schlafe ich tief und vergessend,
Ich verschlafe deinen schrillen Schrei;
auf ihn warte ich jede Nacht
und morgens fühle ich noch deine Nähe.

Wirst du kommen, roter Vogel?
Denn ich warte Nacht um Nacht auf dich.
Wann wirst du mich mitnehmen?
Wann darf ich reiten auf deinem roten Gefieder
in das Leben meiner Seele?

We go together

(1963)

Wir segeln durch die Winde
und oft auch´ gegen sie.
Du kennst mein´ inn´res Kinde
wie´s´ wirklich spielte´ und auch schrie.

Du lauschtest still auf meinen Atem;
ich hörte laut Dein stark erregtes Herz;
wir wollten beide gegenseitig warten
auf den milden, smarten Monat März.

Du nahmst mich auf
und ließt mich wieder gehn,
und sagtest: „Lauf"
und lachtest, als ich rief:
„wir werden uns bald wieder sehn!"
Du strahltest innerlich und vive.

Fliegende Fische (Mobile)

(1962)

Am dünnen Faden
Hängen wir
Vor der Tür
Zur Zier
Mit Papier beladen.

Ein stiller Windhauch
uns bewegt
unentwegt.
Uns erregt
Erstickender Rauch.

Wir stoßen uns an
und sagen „Pardon",
gehört zur Facon:
-wir leben davon-
Keiner was andres ersann.

Wenn laue Winde

Wenn laue Winde sanft nur blasen,
liegen Pärchen in dem grünen Rasen.
Wenn wilde Winde wuchtig wehen,
sind keine Pärchen mehr zu sehen.

Ballade von der Raupe

(1961)

Die Wandlung

I. Akt: Die Raupe

Die Raupe saß´
auf einem Blatt´
und munter fraß ´
das grüne Gras´
ohn´Unterlass´
und wurde niemals´satt.

Sie blieb´ so lange auf dem Blatt,
bis auch der Stiel´ war abgenagt ganz glatt.

Im Fressen´ war sie ein Genie,
deswegen´ sie auch so gedieh.
Sie baut sich herum ein Fass,
nicht einmal die Reifen sie vergass,
um zu behalten ein anstädig Mass.

Die Welt´ war nur zum Fressen da,
sie sah auch´ nichts als grün.
Grün´ war die Welt
und alles´ was um sie geschah,
ihr so herrlich´ grün erschien:

Sie sah nur grün,
sie frass nur grün,
war selbst ganz grün´
und machte grün.
Wenn´ braun ihr was erschien,
fing sie an, sich zu bemühn,
weiterzuziehn,
wo sie grün sah neu erblühn.

Die Zeit ging um.
Sie´ wuchs ´und schwoll,
sie reckte sich
mal´lang, mal krumm,
wurd schmal,´und wieder voll´
ganz fürchterlich.
Sie hatte´ Magenschmerzen,
vielleicht lag´s auch´ am Herzen,
so glaube ich.

Nicht grün mehr´
war die Wel´t für sie,
nur leer,--
und schwarz´ wie Teer,
grün´ jedoch´noch nie.

II. Akt: Das Puppenstadium:

Sie kehrt nun völlig´ in sich ein,

begann voll Jammer an´ zu weinen,

sie fand sich ja´ so ganz allein,

sie kannte niemand, keinen.

Sie kam in große Einsamkeit,

begann dann´ ihre Fastenzeit,

verschloss sich´ in ihr Puppenhaus,

kam lange dort nicht mehr heraus;

ich glaubte schon, sie wär´ erstickt,

dann hat sie´ zögerlich hinaus-gespickt,

mir´ freundlich, lächelnd zugenickt.

Ach, wie bin ich´ tief beglückt´

und von ihr so sehr entzückt:

III. Akt: Ode an die ehemalige Raupe, oder´ der Schmetterling

Du leckst und reckst Dich,
vollführst´ einen Tanz,
wirst zart und fröhlich,
erstrahlst im Sonnenglanz,
entschwindest leicht´ mit Eleganz..

Du flogtest jetzt von dannen´
zu Blüten rot und Tannen;
erfreutest alle Welt,
weil selbst Du´ Dir gefielest´
in Deiner Farbenpracht.

Du schwangest weich, berührtest sacht´
der Blumen bunte Blätter.
Dann hast Du´ Dir „ihn" angelacht,
er aber war´ kein netter,
war faul ´und wurde fetter.
Zum Glück kam schnell die Nacht´
und fürchterliches Wetter.,
das hat Euch auseinand´gebracht.

Am nächsten Morgen´
beim ersten Sonnenstrahl´
wimmelten Schmetterlinge
groß an Zahl;
wie schwierig´ war die Partner-Wahl.

Ihr hattet gleiche Sorgen

er nahm dich mit ins Tal:
Ihr feiertet den ganzen Tag,
ihr tanztet Ringelreih,
ihr küßtet Euch´ und liebtet Euch,
das war´ im Monat Mai.

Und er dich plötzlich nicht mehr mag,
wie rasch war alles dann ´vorbei.

Umsonst´ war leider alle Lebensmüh,
denn eines Morgens in der Früh,´
kam an´ das dicke Rindervieh,´
fraß zarte Blumen´ und auch sie....

Doch ich´ kann sie´
vergessen´ nie..

Abbildung 13 Keramik-Blüte (2009)

Meine Augen erkennen mich nicht

(2001)

Meine Augen erkennen nicht mich,
sie schauen das Außen, das Fremde;
meine Augen sehen nur dich,
mein Innres höchstens bis zum Hemde.

Sie drehen sich schnell und geschwind,
finden nicht mein tiefes Wesen,
denn nach innen sind sie blind
und können meine Seele kaum lesen,

Nicht mal im Spiegel´ vermögen sie mich´ zu erblicken,
nehmen nur´ die Fata Morgana gewahr,
er´ mag nur Gaukel-Bilder schicken,
sie sind Perücke, nicht mein Haar.

Meine Augen kennen mich nicht,
und doch gehören sie´ zu meinem Gesicht.

Abbildung 14 Abstrakte Blüte (2001)

Urlaub im Garten

(1968)

Auf der frischen Wiese vor dem Hause´
unter schatt´gen Bäumen´
liege ich´ in einer langen Arbeitspause´
angefüllt´ mit Träumen.

Scheinbar ohne Ziel´ und ohne Sinn´
ziehen die Gedanken
windig wie Wellen-Wolken hin´
wie die Wickelwinden ranken.

Leise küsst die warme Erde
meinen müden Rücken
mit liebkosender Gebärde
als wollt´ sie zart mich drücken.

Regungslos´ und voll von Leben´
atme ich dies tiefe Glück,
lasse mich behutsam weben´
in das Irdische ein Stück.

Liebe ist meine wichtigste Nahrung

(2001)

Ich bin´ glücklich´ mit meinem Leben,
weil ich´ die Liebe´ täglich, stündlich zu trinken
bekomm:
wenn ich Dir´ in Deine Augen schau,
wenn Du´ lächelst ´oder lachst,
wenn Du´ mich streichelst,
wenn´ Deine Worte´ mich zärtlich berühren,
wenn ich´ meine Hände aufhalte
und Dein strahlendes Gesicht mich segnet.
Weil ich Dir´ tief vertraue,
und somit mir selber´ traue,
und mir mehr zutraue...

Die Liebe´ ist die gesündeste Nahrung.

Wie´ im Nehmen, so´ im Geben´
gilt´ das ew´ge Gleichgewicht,
als Gesetz´ für unser Leben:
Einer´ ist´ des andern Licht.

Aphorismen

Stille Stunden´ stillen die Liebe...
Gelassenheit´ gibt ´göttliche Kraft...
Ganz´ in der Zeit sein, macht´ zeitlos...
Liebe´ liebt das Leben...

Wir haben uns Urlaub erlaubt
Ich habe´ das Weite gesucht
und´ die´ Weite gefunden...

Treue gibt Trost,
Leben will Lob,
Maß führt zur Muße,
Wissen bringt Weite.

Genieß den hellen Tag im Jetzt,
erfreu Dich´ Deiner stillen Stunde.
Wer nicht die Augenblicke schätzt,
kommt nicht weiter in des Lebens Runde.

Abbildung 15 Individuen (2007)

Freunde

(2001)

Ich´ lächle,

wir´ lächeln,

ich´ belächle mich,

wir belächeln uns;

ich´ lache,

wir lachen,

ich lache´ mich an,

wir lachen´ uns an,

ich lache mich´ aus,

wir lachen uns´ aus.

Ich lache´ mich tot,

wir lachen´ uns tot.

Ich begeistere,

wir begeistern,

Ich begeistere mich,

wir begeistern uns,

ich begeistere meine Seele,

wir begeistern unsre Seele,

wir begeistern uns unsre Seele

Ich berühre,

ich berühre´ Dich,

wir berühren uns,

wir berühren uns´ zart

Ich wandere,

wir wandern,

wir wandern´ gemeinsam,

wir wandern´ gemeinsam aus,

wir wandern gemeinsam´- aus der Welt.

Glücks-Gefühl

(2011)

Ich springe hinein in den Tag,

der´ hell und warm mich umgibt.

Ich schwimme, plantsche, spritze,

und schreie´ quietschend vor Glück.

Ich spritze Dich nass mit dem Tau der Frühe,

tanze mit Dir in den Tag

und singe helle Töne

bis zum hohen C.

Das Glückskind

(1991)

Es glaubt an sein Glück

Und spürt sich umgeben von Glück,

es lacht

und strahlt heiter

wie die Sonne.

Neid ist ihm fremd;

Auf Menschen und Tiere

Schreitet er mutig zu

Und erspürt deren Gunst und Stunde

In dem Wissen,

ein Glückskind zu sein

Mein Baum

(1991)

Ich liebe meinen krummen Baum,

verzogen, gebeutelt und erschüttert

mit seiner rissig-faltigen Rinde,

seinem winterknorrigen Geäst,

mit seinen fahlen Früchten

und seinen zittrig-tanzenden Blättern

im Winde.

Seerose

Du bist die Rose

Voll Strahlen und Glück,

erhebst Dich empor über spiegelndem Wasser

und entfaltest weit

Deine gold-leuchtende Krone

Im Zentrum zarter Blütenblätter

Als Königin des Sees

Das klare Wasser spiegelt

Dein Wesen, Deine Schönheit, Deinen Glanz

Tausendfältig zurück.

Im Sturm und Regen

Umschließen die kostbare Krone

Vorsichtig Blatt für Blatt.

Fest verankert

im sicheren Wurzelwerk

verbindest Du Deine welligen Wurzeln

mit Sonnenkraft

und träumst im Winter

unter dem lichten Eis

von warm-strahlenden Sommertagen.

Wenn ich Dich im Winter nicht sehe,

so träume ich von Dir

und Deiner weichen, fein-sinnigen Blüte

und warte ungeduldig

auf Deine ersten weißen Blätter

im Sommer.

Abbildung 16 Der Geist meines Winterbaumes (2001)

Die Fahne

(1962)

Die Fahne weht,

sie kräuselt die Zeichen,

die als Symbole

für Unabhängigkeit und Wille,

für Einmütigkeit und Wunsch´

meinem unglücklichen Volke gelten.

Dich Begriff meiner Geburt

treibt der unbekannte Wind

in alle Richtungen.

Du Wesen von mir,

ich lebe in Dir

und Du lebst von mir.

Verankert in meiner Seele´

atmest auch mein Schicksal.

Von Deiner Geschichte zehre ich,

und ich präge Deine Farben.

Hoffnung

(1962)

In die Ferne will ich schreiten,

doch hier endet schon mein Weg.

Wer, ach könnte mich begleiten

über diesen schmalen Steg.

Jenseits todesnächt´ger Gründe

liegt das tief ersehnte Land.

Ach, wenn einmal ich dort stünde!

Nur im Traum ich es schon fand.

Oh, Du grenzenloses Land,

Jede Schranke muss Dir weichen,

jeder Wall und jede Wand.

Unendlichkeiten Dich erreichen!

Ein Gedanke formt Dich Staat,

ständig ändert er Dein Bild.

Doch Gewinn bringt nur die Tat,

die des Denkens Sinn erfüllt.

Wege führen mich im Kreise,

wie im bunten Farbenspiel

still in unbekannter Weise

hin zum festgesetzten Ziel.

Wer dies Land nicht sehen kann,

wird von Angst und Tod umgeben.

Weite Flügel ich ersann,

um im Traum dorthin zu schweben.

Buchen-Bretter

(1964)

Als ich heute durch den Wald schlenderte, sah ich an der Rinde mancher kräftigen Buchenstämmen mit einer Axt abgehauene Kerben. Sie hatte der Förster zum Zeichen des Abholzens abgeschlagen.

Die Buche

Gebrandmarkt zum Tode´ durch winzige Kerben

In Deinem so schlanken, elastischen Stamm,

so wirst Du bald ächzend, jammervoll sterben

und bleibst bis zuletzt noch erhaben und stramm.

Kaum später entdeckst Du an ähnlichen Brettern

Worte in goldenen, verschwommenen Lettern

(man sieht sie jetzt nicht mehr genau):

„Hier ruht ganz sanft: Joachim Schau."

Wie wissen nichts
(1963)

Kennt einer sein Leben, den eigenen Körper?
Du verstehst das Bewegen und Drehen des Fingers nicht
Und sagst, ich sei ein dummer Lebensverderber,
deshalb sähe ich nur alles in sinnloser Sicht.

Wenn der Mensch sich nur selbst begreifen verstünde,
wenn er wüsste, was er morgen sagt und täte;
nur dann wär er von Zweifeln befreit und Sünde,
er wär aber auch frei von der glücklichen Freiheit Drähte.

Geschäftsmann
(1962)

Die Finger prasseln
Auf den Tisch,
aus Marmor auch´
ist der Kopf.

Der Ton klingt leblos
wie von Eis,
erstarrt der Sprache
warmen Hauch.

Aus fetten Schlitzen
grinsen Augen
gefräß´ger Blicke
gift´ger Schlangen.

Marburg
(1964)

Eine kleine Stadt
erhebt sich aus dem Nebel.
Im feinen Regendunst
Verschwimmt das alte Schloss.

Ein Studenten-Paar
Durchhallt die engen Gassen,
wenn hoch vom Rathausturm
der Hahn mit Flügeln schlägt.

Meine Höhle
(1962)

Oh Mensch, mein treuer Freund,
Du willst mein´ bebend Seel´ ergründen?
Kannst steigen Du zu jenen Pfründen,
wo Geist und Körper sich vereint?

Im Dunkel schwinget meine Seele,
sie ruht an keinem stillen Ort;
willst fassen sie in enger Höhle,
ist sie von dort schon lange fort.

Nein, tausend Seelen hab´ ich nicht;
Sie ist aus einem Sein gemeißelt:
Aus vielen Poren sie durchbricht
Der Höhle mächtiges Gemäuer

Und scheinet wundersam im Licht.
Oftmals wurd´ sie hart gegeißelt
Mit quälend´ unsichtbaren Feuer.

<u>Vorfrühling</u>
(1964)

Der Frühling kommt.
Verwelkte Blätter fallen ab.
Die alte Eiche
versucht sich neu zu formen.

Das starre Eis
Doch hemmt die grünende Entfaltung.
Erinnerungen`
Verhindern noch das Blühen.

Die tiefe Kraft
Im Keime aber ständig gärt;
Sie endlich schafft
Aus stiller Hoffnung´ frische Liebe.

Abbildung 17 Heiliges Blau Andacht der Farbe (2009)

Zeitfracht Medien GmbH
Ferdinand-Jühlke-Straße 7
99095 Erfurt, Deutschland
produktsicherheit@kolibri360.de